SUR

LES NÉCESSITÉS POLITIQUES

DU PRÉSENT.

PARIS, IMPRIMERIE DE GAULTIER-LAGUIONIE.

SUR LES

NÉCESSITÉS POLITIQUES

DU PRÉSENT.

Par C. A. H. de la Peltrie.

Delenda Carthago.

Paris,

CHEZ DELAUNAY, AU PALAIS-ROYAL,

ET CHEZ TOUS LES MARCHANDS DE NOUVEAUTÉS.

MAI 1828.

AVERTISSEMENT.

Dans les opinions ainsi que dans les actes politiques, il n'est pas plus possible de s'arrêter aux demi-mots, qu'aux demi-mesures. Malheur donc, à qui se trouve entraîné dans cette route difficile, car il se voit bientôt engagé par l'honneur ou par la nécessité. Telle est ma position ; ma lettre au roi en fut la première conséquence, cet écrit était indispensable après cette lettre. Heureux encore, si après avoir été blâmé pour le fond et la forme d'un ouvrage, dont nous ne prétendons nullement soutenir un mérite que nous ne lui attribuons pas, on veut bien au moins nous accorder ce que nous avons droit d'espérer, l'avantage d'avoir soutenu des principes honorables, avec indépendance, et avec la conviction la plus consciencieuse.

Comme depuis quelque temps une foule d'écrits ont été publiés sur le même sujet, et dans des vues à peu près semblables; nous croyons utile de prendre date. Nous dirons donc à cet égard, que bien que notre lettre au roi n'ait été publiée que le 25 avril, il en avait cependant été déposé par moi, une copie manuscrite au ministère des affaires étrangères, dans les premiers jours du même mois.

SUR

LES NÉCESSITÉS POLITIQUES

DU PRÉSENT.

Il est une vérité qu'on doit s'empresser de proclamer de toutes parts, c'est que la cause des monarchies légitimes a généralement prévalu chez tous les bons esprits. Non qu'il faille condamner la réserve, j'irai même jusqu'à dire l'opiniâtreté, que certains opposans, aussi justes qu'éclairés, ont apportée dans l'examen de cette importante question, dont le temps seul devait mieux faire apprécier la valeur; car si l'on peut en accuser la faiblesse humaine, on peut aussi en faire honneur à la plus sage prudence.

La réaction qui est en tout, et partout, toujours égale à l'action, força certains intérêts menacés de destruction par le retour de la monarchie absolue, les força, dis-je, à se réfugier soit dans la république, soit dans toute autre forme de gouvernement qui pût les conserver et les garantir.

Mais ces craintes furent-elles fondées, eut-on véritablement l'intention de rétablir le despotisme? Ou ne voulait-on bien plutôt que fortifier une monarchie à peine restaurée, en opposant seulement de nouvelles digues à un torrent, dont on avait vu et ressenti tous les ravages? Quant à moi j'aime à le penser ainsi ; et alors des deux côtés la crainte d'un danger précipitait dans un plus grand.

Mais ne cherchons plus à approfondir des mystères inutiles à connaître au point où nous sommes heureusement parvenus. La royauté a tendu une main bienfaisante et protectrice à tous indistinctement, et tous se sont prosternés avec respect et reconnaissance. On a enfin senti le besoin de se rapprocher et de s'entendre, on l'a fait. Nous avons d'après ces données, l'explication la plus naturelle, touchant cette instabilité et des hommes et des choses. Oui, c'est dans ce pacte sacré, consenti par la couronne pour le bonheur, le repos et les libertés du peuple, ainsi que dans les conséquences qui en découlent chaque jour, que nous devons rechercher les causes de ces rapprochemens, de ces concessions mutuelles faites avec

honneur et loyauté, le plus généralement dans
le seul intérêt de la patrie ; et s'il existe de mal-
heureuses exceptions, pourquoi en fatiguer sans
cesse nos yeux, en nous les présentant sous
toutes les formes qu'elles revêtent. Voudrait-on
nous signaler encore des immobiles d'une nouvelle espèce? S'il en est, s'il en veut être, qu'ils
vivent de leurs chimères, nous marcherons pendant qu'ils rêvent.

Mais, nous dira-t-on, pensez-vous que tous
ces républicains, tous ces absolutistes, tous ces
impériaux, puissent être redevenus de bonne foi
royalistes constitutionnels, et de telle sorte qu'ils
consentent à travailler franchement, pour con-
solider nos institutions monarchiques? Pourquoi
non, mais je ne vois dans ces divers tempéramens apportés à des opinions consciencieuses et
pour la plupart théoriques, que des sacrifices
honorables faits par des hommes loyaux et dé-
sintéressés à la patrie ainsi qu'à la raison. Je ne
vois rien enfin dans une telle conduite, que de
conforme à ce qui se passe journellement dans
nos habitudes sociales les plus accréditées. N'obser-
vons-nous pas en effet, et trop souvent par malheur, des individus qui, se prétendant blessés
réellement, ou par un malentendu quelconque,
soit dans leurs intérêts, soit dans leur honneur,

soit dans leurs affections les plus chères, en appellent aux armes, combattent ou s'expliquent en champ clos, et après satisfaction complète, se rapprochent et même contractent ensemble l'amitié la plus étroite. La différence ici ne me semble donc que dans la situation; quant à la morale elle est absolument la même à nos yeux.

Laissons donc à l'ambition, à la haine, à l'envie, le lâche plaisir de se repaître d'une nourriture empoisonnée; abandonnons de même aux tourmens de ces cruelles passions, ces rivalités personnelles qui, se dégradant par les plus scandaleux débats, parviennent enfin à s'arracher tour à tour les lambeaux de la pourpre, et les hochets de la puissance, pour ne livrer aux regards méprisans de leurs contemporains, et à la risée de nos ennemis que les plus affreuses nudités! Ce qui seul est affligeant dans ces honteux combats des passions en délire, c'est qu'ils déconsidèrent et flétrissent un pouvoir, qu'il serait cependant si nécessaire de faire respecter.

Le triomphe de la légitimité en France, est riche d'avenir pour l'Europe; il lui permet d'espérer sans révolutions et sans troubles, son émancipation successive. La souveraineté du peuple, si séduisante en principe, a été funeste pour nous en application, et on peut prédire avec

certitude qu'elle sera toujours dangereuse en
Europe dans quelque état qu'on en veuille essayer.
Elle troublerait nécessairement l'harmonie, et
mettrait en hostilité manifeste avec toutes les
nations voisines. Vingt siècles ont façonné les
élémens sociaux de notre vieux continent, et une
déclaration de principes, une constitution telle
quelle, ne parviendront jamais à déraciner aussi
subitement des esprits, ces droits, ces rangs, ces
traditions, et toutes les mœurs ensemble. La législation la plus juste en principe, la plus consé-
quente en application, ne peut faire table rase,
proclamer une nouvelle loi agraire, ou bou(lever-
ser enfin d'une manière quelconque tous les intérêts et toutes les fortunes. Autour d'une telle
révolution gronderaient derechef les foudres de
l'étranger, qui éclateraient bientôt au milieu du
pays en alarmes. Il est d'ailleurs un axiome irré-
sistible, c'est que tels élémens ne peuvent se
constituer que de telle manière. Les rois connais-
sent par expérience les conséquences possibles
de cette souveraineté du peuple, et la contrainte
dans laquelle ils croiraient devoir retenir leurs
sujets afin de se préserver de la contagion, nui-
rait plus aux intérêts des nations, que l'exemple d'un succès inespéré ne leur serait utile.
Lorsqu'au contraire ces mêmes monarques, solli-

cités par leurs peuples, verront sous l'empire d'une légitimité appuyée sur des institutions libres et généreuses, les forces morales et industrielles de la France se développer avec calme et grandeur; lorsqu'ils verront les intérêts les plus délicats de la politique et du gouvernement, se discuter avec indépendance, sagesse et modération; lorsqu'ils verront enfin ce qu'ils ne pouvaient ou ne voulaient pas croire, que les limites que le pouvoir semble s'imposer lui même, l'entourent d'un plus vif éclat, et lui confèrent plus de puissance; donnent à l'état plus de richesse, plus de splendeur, plus d'énergie au-dedans, et plus de force au-dehors : nul doute que de pareils exemples ne soient imités en leur temps, et certes un prosélytisme fondé sur d'aussi justes droits, aura toujours pour lui l'assentiment et l'appui de tout ce qui doit jamais exercer la domination sur la terre.

Qu'est-ce, en effet, que la liberté pour un peuple? Ce ne sont pas les rêves d'une perfectibilité idéale, ou d'une métaphysique savante et ténébreuse, empruntés à toutes les sectes religieuses ou philosophiques, des peuples anciens ou modernes, érigés en systèmes, et traduits en lois, pour être appliqués à des individus dont les facultés ne sont nullement en harmonie avec celles qu'on leur suppose; et chez lesquels, parconséquent, il faudrait en créer de nouvelles, pour qu'ils pussent être soumis librement aux principes proclamés. La véritable liberté procède de toute autre manière ; elle est utile à la fois aux peuples, sans nuire aux gouvernemens ; elle favorise, par une législation appropriée à chaque progrès moral ou industriel, l'essor qu'elle lui observe: elle le dirige, le modifie, l'aide, l'encourage; mais ne peut, et n'a d'autre part aucun intérêt à l'entraver ou à l'arrêter, car il y aurait toujours ou perte ou danger. D'après ces distinctions, deux classes de publicistes et d'économistes se partagent, en conséquence, le domaine de la politique : les uns en font une science spéculative, et souvent une œuvre d'imagination ; les autres au contraire, la nomment une science d'observation. Libre à chacun de prendre parti pour les premiers ou pour les seconds. Il n'en est pas moins vrai que ces deux classes d'hommes éminens, en tant que leurs écrits semblent dictés par la bonne foi, sont utiles à leur patrie et méritent sa reconnaissance et sa vénération.

Dans des temps peu loin de nous, nous rêvâmes aussi l'accomplissement d'une émancipation sociale universelle, dont la gloire et la liberté devaient être les principaux mobiles ; nous crûmes alors que le monde entier devait nous comprendre, et répondre par acclamations à nos vastes desseins. Mais hélas! notre illusion fut courte, et notre déception bien amère! Nous ne vîmes partout qu'un étonnement stupide, ou une indifférente immobilité. Les échos, muets d'abord, ne répétèrent bientôt plus que des cris de vengeance! Peut-être le système un peu moins libéral de la persuasion armée date-t-il de cette époque d'impuissance morale? et, nouveau Charlemagne, Napoléon voulait-il faire pénétrer la civilisation dans le nord, ainsi que le premier y introduisit le christianisme? Plus d'un nouveau Witikind succomba dans cette lutte contre le génie militaire du chef de la France; mais enfin cette dernière a fini par payer bien cher les fautes de son gouvernement. Espérons que cette expérience nous servira de leçon; car si la France, à cette époque, n'a pu réaliser ses projets avec les moyens qu'elle avait en sa puissance, qu'oserait-elle essayer de nouveau dans des intérêts isolés? La liberté de la presse nous a d'ailleurs révélé des secrets bien propres à attiédir en nous toute tentative de prosélytisme à cet égard; elle nous a appris que cette même France est à peine éclairée sur la valeur de ses propres institutions; que les lumières qu'elles répandent incessamment, ou blessent encore les yeux trop susceptibles d'un grand nombre, ou ne peuvent être apperçues par beaucoup d'autres, et qu'enfin tous les bienfaits de ces mêmes institutions ne sont pas généralement bien compris.

D'un autre côté, il existe aussi une vérité incontestable, c'est que la monarchie universelle ne peut être à craindre à l'époque où nous vivons, à moins de ces catastrophes politiques imprévues que la trahison ou l'impéritie peuvent seules ou produire ou solliciter; ou enfin de ces suicides sociaux, dont l'anarchie consommerait le forfait.

Si en effet une tentative d'invasion combinée pouvait germer dans l'esprit de quelque puissant monarque; si, par hasard, il était appuyé dans son entreprise par des alliés quelconques, la politique des cabinets, ainsi que la liberté de la presse, auraient bientôt signalé tous les dangers; et, en indiquant aux peuples leurs véritables intérêts, les forceraient à se liguer contre ce nouveau despotisme; appelant des vengeurs de toutes parts, ils surgiraient jusque des extrémités du monde.

Mais si la monarchie universelle ne trouve ni partisans, ni auxiliaires; si elle n'est plus dans les possibilités de notre époque, il existe pour l'Europe un besoin généralement senti d'union, dont les causes se découvrent aisément dans l'appui et les encouragemens que réclament la religion, la politique, les mœurs, le commerce, les sciences et les arts communs aux peuples du continent; et, dans la situation actuelle des affaires d'Orient, ce besoin d'union est devenu une nécessité politique, que l'intérêt bien entendu des puissances devrait cimenter sans retard, au moyen d'une fédération européenne. Je sais que l'Angleterre verrait peut-être avec quelque inquiétude de tels projets s'accomplir, entre des nations entièrement éclairées aujourd'hui sur leurs véritables intérêts, passés, présens et futurs. On assure même que sa politique s'efforce en ce moment de diviser, de désunir; mettant sans doute en pratique ce fameux moyen de désaffectionnement proclamé par un ministre, dont l'insolente audace ne fut jamais officiellement désavouée, et qui bien plus encore vint ajouter à l'injure par une explication plus insultante que son impuissante menace. On dit aussi qu'en France des esprits inquiets, turbulens, ambitieux, reportent des vœux et des espérances vers le rejeton d'une dynastie étrangère, soit par attachement, soit plutôt, et nous le croyons sans peine, pour faire transiger touchant certains intérêts aristocratiques. La France connaît et re-

pousse des projets qui ne sont ni dans ses désirs,
ni dans ses besoins : elle sait qu'elle perdrait de
nouveau, dans les convulsions de l'anarchie, ou
sous les coups violens du despotisme, toutes les
libertés acquises depuis quatorze ans : elle sait
qu'une telle conduite romprait toutes ses relations avec l'Europe, et dans quel moment encore? Dans un moment où la carrière s'ouvre
grande et glorieuse dans son seul accord avec
elle; dans un moment où le pays a besoin d'u-
nité, de force, pour participer aux grands événemens qui se préparent. Certes, de tels desseins,
s'ils étaient véritablement médités, seraient plus
dignes des vils agens d'une intrigue étrangère,
que de Français osant encore se parer de ce
nom.

Mais livrons-nous avec confiance à la sécurite
que la sagesse et la force du gouvernement sont
faites pour inspirer. Comptons sur son union
avec les deux chambres pour déjouer les com-
plots de l'étranger, la chambre-haute nous a
déjà donné plus d'un gage précieux de son amour
pour le trône et pour les libertés publiques. La
chambre des députés est composée des hommes
les plus recommandables par leurs lumières et
par la noble indépendance de leurs opinions et
de leurs caractères. Aucune crainte ne doit donc

alarmer la France Contre de tels obstacles vien-
dront se briser tous les efforts des factions.

Au-dedans la France poursuivra le cours de
ses améliorations politiques, et au-dehors elle
saura faire respecter et ses droits et sa puissance.

CHAPITRE PREMIER.

La religion chrétienne est universelle en Europe. Tous les peuples de cette partie du monde adorent un même Dieu, et sont soumis à la même loi évangélique. Si, pendant une longue suite de siècles, le schisme, introduit successivement, a modifié la croyance, changé le dogme et les pratiques, si les querelles religieuses ont ensanglanté pendant long-temps ces contrées que la civilisation a enfin rendues à la raison et à la philosophie, on ne peut s'empêcher de convenir qu'au moment où nous parlons, toutes ces causes de troubles et de guerres se sont prodigieusement affaiblies. Chez les gouvernemens et chez les peuples, la tolérance et la modération sont le caractère distinctif de notre époque, quoique cependant les mêmes divisions subsistent encore par rapport à l'église primitive. Ces améliorations, quoi qu'on en dise, font beaucoup d'honneur à notre âge et à nos lumières.

La raison publique a fait justice, à la fois, et du fanatisme religieux et du fanatisme philosophique : elle exige que tous soient également protégés dans la liberté de leurs consciences, et dans celle de leurs pensées.

Il demeure donc prouvé, que si les ministres des autels eussent été plus philosophes, c'est-à-dire, s'ils avaient su modifier, non pas les principes, mais seulement certaines formes de leurs croyances, et si, de leur côté, les philosophes eussent été plus religieux, nous n'aurions pas à gémir sur cette série de désastres que l'histoire nous révèle à chaque page.

Mais ce dont on est forcé de convenir, c'est que tous les esprits n'étant pas propres à recevoir la morale philosophique, et un grand nombre échappant à la morale religieuse, soit par indifférence, soit par incrédulité, soit par un désolant scepticisme; soit enfin, et le plus communément, par une vanité puérile, une sorte de forfanterie qui nous fait considérer, comme un effort de courage, une grande force d'esprit, cette ardeur irréfléchie que nous apportons si souvent pour repousser grossièrement, et sans le moindre examen, les choses les plus saintes et les plus vénérées : toutes ces causes, dis-je, ont éveillé la sollicitude des législateurs, et les ont forcé de chercher les moyens de remédier à cette source évidente de dissolution sociale. C'est sur ce terrain que se rencontrent, chaque jour, les partisans ou les adversaires de la prévention ou de la pénalité. Le champ est vaste pour la discussion, aussi les partis s'en servent-ils tour-à-tour. On ne peut cependant se dissimuler que le principe moral doit religieusement être introduit dans notre législation moderne ; il faut, plus que jamais, non-seulement empêcher et punir, mais encore prévenir d'aussi loin que possible. Au reste, je ne demande pour les lois à venir, que ce qu'on a déjà fait, mais d'une manière trop générale ou trop exclusive pour quelques lois présentes.

Certes, et particulièrement en ce qui concerne la France, nous avions cependant des auxiliaires puissans ; et il est inconcevable que le clergé français qui, dans tous les temps, a fait preuve de politique, de talens et d'habileté, ait laissé échapper ce moyen assuré d'agrandir la sphère de sa morale, en y rattachant les devoirs et la reconnaissance que doivent nous inspirer et nos institutions, et les princes qui nous les ont accordées ; au lieu de combattre les unes, en les séparant des autres. Il n'y avait dans une aussi sage conduite rien qui répugnât, il me semble, au caractère sacré, ainsi qu'à la religion qui, tous les deux au contraire, en eussent reçus un nouveau lustre, une nouvelle force fondée sur l'affection et la vénération des fidèles. Sans rechercher trop profondément les causes de cette faute, nous pouvons toujours lui en assigner une sensible, et dont la réparation produirait un fort grand bien. Cette cause est le manque d'éducation chez les pasteurs appelés à diriger les consciences; je ne prétends pas dire ici que les ecclésiastiques manquent d'instruction religieuse, ou de cette instruction scholastique indispensable pour atteindre à des connaissances plus élevées. Mais quoiqu'on ait la foi, on n'en veut pas moins être persuadé; et pour porter cette conviction dans les esprits au temps où nous vivons, il ne faut pas ignorer les mœurs, les usages, les lois, les sciences, les arts propres à l'époque; cette connaissance révèle infailliblement les mystères et la langue de la société, elle fournit en outre à l'orateur les moyens les plus sûrs pour captiver les esprits, et pour pénétrer jusqu'au fond des cœurs. Il n'est pas jusqu'à la musique sacrée dont il fût à désirer que le perfectionnement ne s'accomplît. Il ne faut pas en effet que nos jeunes prêtres, tant passionnés qu'ils soient des saintes Écritures, s'imaginent, dans leur brûlant enthousiasme, qu'ils sont appelés, comme ces missionnaires des temps passés, à convertir des populations sauvages, à civiliser, à régénérer des nations dégradées ou corrompues; et qu'en usant d'une rigide sévérité, en se vouant eux-mêmes aux plus rigoureuses mortifications, ils parviendront sinon à changer la face de la société, du moins à l'entraîner dans les voies de la religion dominante; méritant ainsi les récompenses éternelles réservées aux propagateurs de la vraie foi, pour laquelle ils iraient même jusqu'à solliciter le martyre. Qu'ils se désabusent, un saint zèle mérita de tout temps le respect même des incrédules, mais une intolérance outrée, un fanatisme aveugle, une contradiction perpétuelle avec la société que l'on est appelé à diriger, au milieu de laquelle on doit passer sa vie, et par conséquent décéler aussi ses imperfections et ses faiblesses; une telle société, dis-je, lorsque, surtout comme la nôtre, elle est parvenue au plus haut point de civilisation, vous traitera avec la même intolérance, et exercera au moins contre vous, si elle ne s'en sépare avec dédain, de ces récriminations violentes ou ridicules, qui finissent par dépouiller à la longue, l'homme de Dieu de son caractère sacré. Nous pensons donc que si, dans ce qui

touche aux sciences morales et intellectuelles,
on établissait des rapports plus intimes entre
ceux qui se destinent aux ordres religieux et
ceux dont ils doivent un jour diriger la vie spiri-
tuelle, il s'ensuivrait une grande amélioration
sociale. Toujours est-il de ces avantages dont il
s'agit de prendre date, c'est que la tolérance et
la modération ont pénétré dans tous les élémens
de la société européenne, et qu'enfin les guerres
religieuses ne sont plus à redouter dans le siècle
où nous vivons; les gouvernemens les craignent
et les abhorrent au moins autant que les peuples.
Quant aux oppositions gênantes et tracassières
que certaines suprématies spirituelles, dans
l'amour des biens temporels, autant souvent
que dans leurs scrupules religieux, prétendent
faire passer jusque dans nos institutions, qu'elles y renoncent; car si, par hasard, leur funeste
système était adopté par le clergé catholique, et
par ses adeptes, l'immense majorité des fidèles,
sans bruit et sans scandale, passerait promptement dans les rangs d'une croyance plus en rapport avec ses besoins et ses intérêts; soit qu'elle
existe, soit qu'elle se formât des débris ou des
germes des cultes établis. A Dieu ne plaise que
nous souhaitions une telle extrémité, nous for-
mons bien plutôt des vœux pour que le clergé,

revenant à des tempéramens plus conformes au caractère de la religion qu'il enseigne, conserve par sa prudence, sa modération et ses lumières, au culte antique de nos pères, la suprématie que lui ont assurée jusqu'à ce jour, et notre pacte fondamental et la foi de toute la France. Ce que nous disons par rapport au clergé français et à la religion catholique, nous l'adresserons, avec la même justice et dans le même intérêt, à toutes les croyances européennes; il n'est pas plus possible d'établir par la force, par la ruse, ou par des séductions graduées et politiques, une religion qu'une monarchie universelle. Mais celle de toutes qui pourra compter le plus de sectateurs, sera assurément celle qui, par la sagesse et la modération de ses ministres, saura approprier ses rites et ses dogmes, sans qu'elle soit pour cela obligée d'altérer en rien ce qu'elle tient de sa mission divine, avec les vœux, les besoins et les intérêts moraux de nos sociétés modernes : ce sera celle qui surtout évitera soigneusement de s'immiscer dans le mécanisme de nos institutions politiques, sans rester étrangère cependant au mouvement de civilisation par lequel le monde est incessamment agité.

CHAPITRE DEUXIÈME.

Depuis long-temps la politique se compose de deux choses entièrement distinctes, ce sont les hommes et les événemens. Lorsque ces derniers n'ont pas été assez violens pour entraîner visiblement les hommes commis à les diriger, ceux-ci n'ont peut-être jamais pu parvenir à les rendre absolument tout ce qu'ils voulaient qu'ils parussent, mais ils ont malheureusement toujours eu sur eux une trop grande influence ; aussi disait-on alors que toute la science diplomatique consistait à employer de petites ruses, à ourdir de petites intrigues, à bien embrouiller les affaires les plus simples ; à séduire, à tromper par des moyens tour-à-tour timides, occultes, tortueux, vains ou impérieux, suivant la position ou le besoin. Un pareil système, s'il exista jamais d'après de tels principes, ne pourrait plus convenir de nos jours ; il serait impuissant, et même dangereux. Ces événemens politiques, si vagues, si confus, si indéterminés , et dans leur origine et dans leur conduite , ne seront bientôt plus que les grands intérêts des nations bien entendus , bien compris , bien définis par des organes constitués , représentant leurs différens élémens sociaux.

Ces principes ainsi posés , les événemens commanderont forcément la nature des moyens, et ce, d'après la fin qu'il sera permis de se proposer. Alors aussi ces mêmes événemens appelleront leurs hommes, leurs représentans nés ; et il ne suffira pas de telles faveurs, de telles facultés médiocres, et si souvent négatives, pour aspirer à la haute mission de traiter de l'honneur ou de l'indépendance des états. Certes, si , en dépit même des opinions les plus favorables à la diplomatie moderne , la vérité vint briller d'un si funeste éclat, et confirmer nos parolés , cette vérité se retrouve à coup-sûr dans ces affaires d'Orient , au sujet desquelles on ignore peut-être encore en ce moment à quel parti définitif on a enfin résolu de s'arrêter.

Cependant, depuis sept années au moins que ces événemens sont visibles pour tous , et qu'ils annoncent assez clairement les résultats qu'on en doit attendre, les cabinets ont eu le temps de se préparer à l'action. Mais malgré ces avertissemens , à peine depuis quelques mois essaiet-on de se mettre en mesure pour prendre part à ce qui va se passer; et ce qui est véritablement affligeant, c'est la conduite des gouvernemens pendant tout ce laps de temps. Voulant aujourd'hui, ne voulant plus demain ; prenant une décision, la rétractant aussitôt; Grecs un jour, Turcs l'autre ; menaçant, priant, suppliant ; intervenant par la ruse, intervenant par la force ; déclarant la guerre au nom de la paix ; proclamant la paix au milieu de la guerre ; affamant leurs amis, nourrissant leurs ennemis; volés par les uns, pillés par les autres, humiliés par tous ; passant ainsi successivement par les situations les plus disparates et les plus avilissantes ; et affectant néanmoins, au milieu de cette versatilité politique, une grandeur, une noblesse, une générosité, ou plutôt une forfanterie trop cruellement comiques. Tel est, en somme, le spectacle à la fois pénible et ridicule, que nous ont offert ces cabinets d'Europe, si renommés pour leur supériorité diplomatique.

Indépendamment du temps que le hasard seul leur a laissé si amplement pour voir, juger et se déterminer touchant ces puissans intérêts ; indépendamment des débats parlementaires, des nombreuses notes diplomatiques échangées entre les cours, il n'est pas en Europe, que dis-je, en

Europe , dans le monde entier , peut-être , un seul écrivain qui n'ait apporté dans cette grave question le tribut de ses opinions personnelles. En un mot, jamais question politique ne fut envisagée d'une manière aussi large et aussi universelle.

Eh bien! que nous a révélé cette enquête imposante? Elle nous a positivement prouvé que depuis le monarque jusqu'au dernier de ses sujets, et dans tous les royaumes de l'Europe , les vœux et les désirs sont tous en faveur de l'indépendance de la Grèce, comme tout y conspire la destruction prochaine de l'empire ottoman.

Maintenant que nous avons fait connaître l'esprit qui anime toutes les nations, et leurs souverains, recherchons les motifs qui ont pu porter les cabinets à se mettre ainsi en hostilité avec l'opinion générale , pour se livrer à toutes les suggestions de la peur , de l'ambition , de l'envie et de la routine.

Il est d'abord une vérité, et nous ne pouvons trop le redire, dont il faut bien se pénétrer avant tout; c'est que notre diplomatie , et surtout les erremens sur lesquels elle se fonde , ne sont plus en rapport avec notre état politique présent. Cependant la même aristocratie diplomatique qui, depuis plus de trente années dirige les ca-

binets , et manie les intérêts politiques des nations, subsiste encore toujours solidaire entre elles,
touchant ses succès, ses revers, toutes ses opinions et tous ses actes. Elle s'est vue tour-à-tour éle-
vée , abaissée, relevée et maintenue par les seuls
événemens : événemens qu'elle s'imagine cependant
avoir amenés, dirigés et maîtrisés. Eh bien ! les
mêmes principes la gouvernent , les mêmes hommes , à peu près , en font partie. Aussi est-ce là
qu'il faut chercher les causes de cette opposition ,
de cette indifférence et de cet engourdissement
qui semblent paralyser toutes les puissances. Là
existent encore les plus grands dangers, car si
les mêmes desseins prévalent , si par les mêmes
moyens ils parviennent à persuader les rois et
les peuples de se placer en avant pour soutenir la
digue impuissante qu'ils élevèrent follement pour
arrêter le torrent , nous périrons avec eux au
milieu du naufrage qui devait seul les abîmer.
Ce qui est venu en apparence fortifier pour ainsi
dire leurs opinions, et donner plus de poids à
leurs paroles, c'est cette incertitude, cette indo-
lence , cet attiédissement des sentimens actifs ,
mêmes les plus généreux, qu'on observe véritablement dans toute la société européenne ; lesquels sont à nos yeux le seul fruit des désastres
passés , des institutions présentes , et surtout celui

des besoins actuels contrariés, refoulés de tous côtés, ou ne trouvant que la force d'inertie partout où ils se présentent pour être satisfaits. Dans les monarchies constitutionnelles, le remède est le plus souvent à côté du mal, quelque grand qu'il paraisse, et bientôt le besoin ou la nécessité y font recourir plus ou moins opportunément. Mais les monarchies absolues sont bien éloignées de posséder ces avantages, et pour elles il est on ne peut plus difficile de secouer ces liens funestes.

Il existe aussi une erreur, laquelle fait au moins honneur au cœur humain, c'est celle qui consiste à considérer la cause des Grecs comme la question fondamentale, tandis qu'elle n'est véritablement que la question apparente, la question accessoire. Ce qui est incontestable, c'est que l'Europe est gênée à l'Orient, et qu'elle a besoin de s'étendre et de pénétrer vers ces riches et fertiles contrées; et que, d'une autre part, elle ne peut rester étrangère aux changemens qui se préparent en Asie, par l'accroissement et l'influence qu'y acquièrent chaque jour deux puissances appartenant à la grande famille européenne, et Constantinople est pour l'Europe la clef de l'Asie.

Nous allons développer successivement, par rapport à chacune des puissances, ces mêmes motifs auxquels on attribue les fautes, et on a même été jusqu'à dire les crimes des cabinets, en ce qui touche aux affaires de la Grèce.

Nous commencerons d'abord par la Russie, cette puissance dont le repos ou le mouvement paraît pouvoir à son gré calmer ou agiter le monde. L'empereur Nicolas semble par la patience et la longanimité dont il a fait preuve, par la sage modération, l'imposante dignité et la ferme résolution qui règnent dans tous les actes qu'il vient de faire connaître, semble, dis-je, renfermer les événemens dans leurs plus raisonnables limites. Cependant la Russie met en mouvement des forces considérables; elle fait des préparatifs immenses, et ne veut pourtant, assure-t-elle, ni renverser l'empire ottoman, ni accroître son territoire. Bien plus, elle veut, ajoute-t-elle encore, rester fidèle au traité du 6 juillet, et coopérer avec ses alliés à l'affranchissement de la Grèce. Seulement en ce qui la concerne particulièrement, elle exige l'exécution stricte et littérale de ses traités avec la Porte, la liberté absolue et indéfinie du Bosphore, qui seule peut garantir les intérêts de son commerce, et enfin une indemnité en proportion avec les sacrifices que l'inexécution de tous ces griefs l'a obligée à faire. Sans examiner ici jusqu'à quel point, avec la plus sincère bonne foi et la meilleure volonté du monde, on peut limiter une guerre semblable, et maîtriser les circonstances imprévues qui doivent indubitablement survenir. Nous ferons observer seulement que, sans se reposer absolument sur ce langage modéré, la politique a le droit de le prendre à la lettre, et d'en éclairer sa marche. Quels que soient les moyens qui dénouent ces événemens, la part de la Russie est faite à cet égard. Cette puissance n'a pas en ce moment le dessein de conquérir la Turquie, on le croit aisément; elle ne pourrait ni l'occuper ni la posséder convenablement; mais elle sait que l'affaiblir et la surveiller hostilement, c'est lui en assurer avec le temps la conquête facile. Aussi donner les mains à de tels projets, sans agir d'après cette prévoyance, serait compromettre l'indépendance de l'Europe. Qu'on ne pense pas, ainsi qu'on l'a dit, que la Russie soit sans ressources financières; elle en possède suffisamment, et peut en acquérir d'immenses, et ce de plusieurs manières.

On a prétendu que l'Autriche voulait conserver la paix, et répugnait à tout mouvement politique quelconque, alléguant, en faveur de cette opinion, ses embarras financiers, l'indocilité de l'Italie, les récriminations de plusieurs royaumes de ses vastes états, revendiquant leurs priviléges méconnus. Peut-être en effet l'indépendance de la Grèce serait-elle d'un fàcheux exemple, et l'Autriche croit-elle avoir intérêt à s'y opposer. Mais dans l'hypothèse de la conquête, le voisinage de la Russie serait dangereux pour l'Autriche : un contact aussi immédiat fournirait à l'occasion mille prétextes pour inquiéter ses frontières. D'après ces diverses considérations, confiante dans le manifeste de l'empereur Nicolas, dans les déclarations du cabinet de Saint-Pétersbourg, dans ses proclamations, dans tous ses actes enfin, l'Autriche doit-elle rester dans la plus parfaite sécurité en présence d'armemens et de préparatifs aussi formidables? Nous ne pensons pas qu'elle agisse aussi imprudemment; elle doit armer et prendre une part quelconque à des événemens auxquels elle est une des plus intéressées.

Quant à l'Angleterre, quoique éloignée du théâtre de la guerre, elle n'en est pas moins préoccupée. Il s'agit en ce lieu de l'un de ses plus anciens et de ses plus utiles alliés, d'un gouvernement dont le système politique, fondé sur le despotisme et l'anarchie, sert par cela même merveilleusement ses intérêts commerciaux, en gênant dans ces contrées celui des autres nations; d'un gouvernement dont l'isolement absolu de toute participation à la politique européenne est une barrière, un obstacle brut opposés au passage de l'Europe en Asie. D'une autre part, ses immenses possessions maritimes et continentales, ses relations commerciales universelles, sa dette, et ses embarras intérieurs, tout lui commande d'arrêter une guerre dont les conséquences gêneraient ses divers intérêts, et cependant à laquelle elle doit prendre, en définitive, une part d'autant plus active que ces mêmes intérêts y seront plus compromis.

La France, ainsi que l'Angleterre, se trouve aussi placée, par sa position géographique, tout-à-fait à l'abri des dangers les plus prochains ; mais on ne peut se dissimuler que de tels événemens ne l'engagent puissamment. La liberté des mers d'Orient, la sûreté et l'étendue de son commerce, l'affranchissement de la Grèce, à laquelle elle porte un si vif intérêt, intérêt véritablement national, et pour lequel notre bienfaisante patrie a déjà tant fait de sacrifices, l'équilibre bien entendu d'une politique vaste et libérale, le besoin de fixer pour l'Europe les bases d'une paix solide et durable, tels sont les motifs puissans qui lui font une loi de se faire entendre avec énergie dans la question qui s'agite. Ses forces militaires, ses ressources financières, lui permettent une attitude imposante ; et ses moyens se trouveraient bientôt doublés, au besoin, par l'assentiment universel de la France, à une politique aussi conforme à ses désirs.

Pour les états du second ordre, ils semblent toujours consentir aux transactions des grandes puissances, tant qu'elles se bornent à une guerre diplomatique ; mais aussitôt l'action engagée, ils deviennent alors d'une toute autre importance ; chacun les caresse pour les attirer à soi ; et si leur position relative ne les y contraint pas, si une ambition aveugle ne les égare, assez généralement ils prennent parti pour l'indépendance contre le despotisme, dont ils furent toujours les premières victimes. La Prusse, en ce moment, vient de donner son assentiment aux motifs avoués que la Russie met en avant ; sans pénétrer les raisons qui la dirigent, il n'en est pas moins vrai de dire que si les événemens venaient à contredire les actes, on peut prévoir, d'après le cours ordinaire des choses, que sa détermination serait assurément modifiée. Nous en disons autant par rapport aux autres états secondaires. D'où l'on pourrait conclure qu'une politique franche et loyale, qui satisfît aux besoins et aux intérêts de tous, trouverait de nombreux et puissans auxiliaires. Bien que l'Espagne et le Portugal soient rangés dans la classe des états du second ordre, ils sont tellement occupés de leur politique intérieure, qu'on ne peut rationnellement leur appliquer les conséquences précédentes. Mille causes de désordre et d'anarchie pèsent de toutes parts sur ces belles provinces. Les vastes intérêts politiques des deux mondes se sont rencontrés à cette extrémité de l'Europe, comme ils luttent en ce moment à l'extrémité opposée. Certes, si quelque puissance voulut consommer la ruine de l'Espagne, afin de la condamner à la nullité la plus absolue, on ne peut qu'avec la plus affreuse mauvaise foi, ou la plus complète ignorance, en accuser la France des Bourbons. Ce dessein ne peut profiter qu'à celle qui sollicita l'émancipation de ses colonies, à celle, en un mot, qui en tout temps chercha à troubler, à diviser et à démembrer l'Espagne, afin qu'elle ne pût devenir une puissance maritime, alliée naturelle de la France. On peut se tromper sur les moyens ; mais la politique du cabinet des Tuileries aura toujours pour but de soutenir et de protéger l'Espagne.

Si ce que nous venons de dire plus haut relativement à l'Espagne, ne semblait pas encore assez évident, ce qui s'est passé en Portugal serait bien propre à ouvrir les yeux des moins clairvoyans.

Que l'on repasse dans sa mémoire toute la série des événemens qui ont eu lieu depuis le règne de Jean VI, jusqu'au moment présent, et l'on jugera quelle loyauté politique, quelle fixité de principes, on a montré à l'égard du Portugal : et de bonne foi lequel des deux systèmes du constitutionnel ou de l'absolu, on a voulu soutenir? La retraite des troupes anglaises, au moment où elles devaient défendre leurs œuvres constitutionnelles et secourir leurs partisans, exposés à tous les dangers d'une réaction, donne la mesure de la confiance que doivent inspirer les promesses de l'étranger, lors même que son intérêt semble s'accorder avec les principes d'une justice éternelle. Tout cela nous prouve, et tout récemment encore l'abdication définitive, mais conditionnelle de Don Pédro, qu'on veut perpétuer la guerre civile dans ces malheureux royaumes, en opposant sans cesse les constitutionnels aux absolutistes, la maison de Bragance, à la maison de Bourbon.

Mais il est une observation que j'ai déjà signalée, et qui mérite une attention sérieuse, c'est l'intervention récente des États-Unis, et partant de l'Amérique qu'ils sont appelés à diriger, dans les affaires de l'Europe. On connaît leurs colonies en Afrique, on a parlé d'une cession de la part de la Turquie, touchant certaines îles de l'Archipel. Ils ont récemment fait un traité de commerce avec la Porte, et lui ont, assure-t-on, fourni des vaisseaux. Une telle politique est pressante, et ne peut être vue indifféremment par les cabinets, sous le rapport de la question qui nous occupe.

CHAPITRE TROISIÈME.

Les mœurs, les usages des peuples de l'Europe, principalement en ce qui concerne les hautes classes de la société, se fondent chaque jour les uns dans les autres. Les lois elles-mêmes contribuent encore à ce résultat heureux. Les principes fondamentaux du droit public, du droit des gens, et du droit de propriété, sont à-peu-près adoptés par tous les gouvernemens, avec les modifications relatives à leur législation primitive, ainsi qu'au degré de civilisation auquel chaque peuple est parvenu. Les sciences, les lettres et les arts réclament aussi une grande part dans cette fusion des sociétés européennes. Aussi ces antipathies nationales, qui rendaient les relations si difficiles et si gênantes, s'effacent-elles visiblement chaque jour. Nous avons enfin reconnu qu'il est de ces rivalités plus glorieuses et plus conformes à l'humanité, que celles qui résultent des succès guerriers.

L'Angleterre nous a communiqué ses découvertes industrielles et ses inventions mécaniques : noas avons pu étudier, en les voyant de plus près, ces heureuses institutions qui, par le merveilleux accord de la monarchie légitime et des libertés publiques, ont su fonder une des puissances à la fois la plus riche, et la plus redoutable. L'Allemagne nous a fait connaître ses richesses intellectuelles, et sa prééminence dans les sciences spéculatives, et la haute philosophie. L'Italie nous a ramené au goût des arts et de ces compositions musicales, dont l'heureuse invasion sur notre scène, a déjà valu tant de succès à nos artistes, en nous promettant que bientôt nous surpasserons même nos modèles. Enfin il n'est pas jusqu'aux pays les moins avancés qui ne nous ayent procuré quelques moyens d'améliorations. La littérature de tous les peuples pénètre chaque jour plus avant dans l'esprit de tous les hommes éclairés. Les langues vivantes sont apprises avec ardeur, et chacune d'elles en reçoit une extension, qu'elles s'empruntent mutuellement, soit pour exprimer des choses ou des besoins nouveaux, soit qu'elles trouvent une propriété, une vérité, une force d'expression plus naturelles ou plus profondes que celles qu'elles possèdent en soi. Il doit nécessairement en résulter une confusion fort grande, et des obstacles sans cesse renaissans pour fixer rigoureusement les principes de chacune de ces langues : aussi serait-il difficile de prévoir quelle sera la fin de ce néologisme universel. On pourrait cependant prédire que cela dépend du sort politique que doit éprouver l'Europe, si elle ne se divisait pas d'ici longtemps d'une manière violente. Alors il serait possible qu'il se formât une langue dont le fonds serait emprunté à la plus riche, la plus harmonieuse, la plus facile et la plus répandue ; et diverses autres parties aux langues qui, dans telles connaissances, posséderaient les mêmes avantages. On peut consulter à ce sujet la dissertation de l'estimable et savant M. Andrieux, dont les lumières ont jeté un grand jour sur cette question. Sans partager absolument toutes ses opinions, j'aime à trouver en ce lieu l'occasion de rendre hommage à l'illustre professeur qui, par ses leçons et ses écrits, sut propager en France et le goût, et la saine littérature. Nous n'avons donc plus dans toute la rigueur du mot, et comme on l'entendait exclusivement jadis, ni Français, ni Anglais, ni Allemands, nous n'avons plus que des Européens. Et à cet égard il est une remarque bien propre à venir encore confirmer tout ce que nous apportons ici de preuves pour fortifier nos opinions politiques. Croirait-on que dans la plus belle portion de l'Europe, sous le climat le plus riant et le plus fertile, dans des lieux où à chaque pas les moindres objets vous remuent l'ame, et viennent agrandir votre être, il existe au milieu du mouvement universel decivilisation qui tourmente le monde, un peuple indifférent à ce qui se passe autour de lui; un peuple qui se fait gloire d'ignorer et de mépriser tous ces avantages ainsi que ceux qui les préconisent; un peuple qui ne reconnaît ni droit public, ni droit des gens, ni droit de propriété, ni sciences, ni arts, ni commerce; dont les lois civiles sont une horrible confusion, de spoliations et de violences, entre les mains d'individus qui cumulent ensemble, et le pouvoir civil, et le pouvoir religieux. Un peuple enfin étranger par ses mœurs, par ses usages, par ses lois, par sa religion et son langage, au reste de l'Europe qu'il méprise et outrage sans cesse impunément, parce qu'il compte toujours sur des troubles et des discordes. Un tel peuple existe cependant, et ce peuple est le peuple ottoman, qui nous ferme et par sa constitution, et par sa position géographique, la route de l'Asie dont il tient la clef. Faire observer aux gouvernemens que l'opinion universelle de l'Europe est fixée relativement aux Grecs et aux

Turcs ; que l'intérêt que l'on porte aux premiers
et la destruction à laquelle on voue le gouvernement des seconds, sont des vérités enracinées
dans les mœurs et dans les esprits; leur faire
connaître enfin que ce sont les écrivains, simples
échos de tout, qui ont formé cette opinion, et
qui continuent à la nourrir ainsi qu'à la propager
chaque jour , c'est leur apprendre sans doute
que l'Europe ne sera point satisfaite que ce grand
œuvre de justice ne soit entièrement accompli :
et lorsque l'on sait positivement que de tels projets sont approuvés du fond du cœur par les souverains eux-mêmes, on se demande avec surprise
d'où naît l'aveuglement qui porte les cabinets
à en agir de la sorte? On se demande si, en mar-
chant ainsi long-temps encore en opposition
avec les vœux et les désirs de tous les peuples,
on ne court pas les risques d'altérer à la fin cette
confiance et ce dévouement sans bornes , qui
doivent toujours subsister entre les monarques
et leurs sujets.

Cet écrit était entièrement composé, lorsque
nous avons eu connaissance d'un ouvrage inti-
tulé : *De l'établissement des Turcs en Europe*,
ouvrage généralement attribué à lord John Russel. Nous avons éprouvé une bien grande satisfaction en voyant nos opinions entièrement

confirmées par des recherches historiques irré-
cusables, et présentées avec cette impartialité,
cette profondeur d'analyse, cette éloquence de
pensées et d'expressions, dignes en tout point de
la haute réputation politique et littéraire de son
auteur. Il est assurément toujours très-flatteur
de se trouver étayé par de telles autorités ; cependant on nous permettra d'adresser un repro-
che à lord Russel, une puissance parlementaire
donne toujours plus de portée à la voix d'un
publiciste, pourquoi donc ne pas conclure ?
Bien que la conclusion puisse se déduire im-
plicitement, et rigoureusement de la connaissance des faits rapportés, il n'en est pas moins
vrai, qu'il eût été plus juste et surtout plus utile,
d'adopter et notre épigraphe et notre conclusion : *Delenda Carthago.*

CHAPITRE QUATRIÈME.

Le commerce est principalement intéressé dans la question qui nous occupe, aussi attend-il avec anxiété, des résultats qui satisfassent à la fois sa sûreté, ses besoins, et lui assurent enfin de nouveaux débouchés. Les pertes qu'il éprouve chaque jour, les sacrifices qu'il a déjà faits, et qu'il est encore disposé à faire pour obtenir ce qu'il a droit d'attendre des gouvernemens dont les promesses et la justice doivent être exécutées religieusement, font aux cabinets une loi de protéger cette source de la richesse et de la prospérité des nations, d'une manière digne de leur honneur et de leur puissance. N'est-il pas en effet plus qu'humiliant, pour le gouvernement d'un grand peuple, de traiter de puissance à puissance avec cet amas impur de brigands et de corsaires, qui peuplent les rivages de l'Afrique, et plus ignominieux encore d'être contraint à leur payer des tributs ? N'est-il pas dégradant pour la majesté

des trônes de souscrire de tels actes avec des misérables sans foi, ni loi; qui se jouent impunément et des menaces et des efforts des rois chrétiens: méprisant à tel point les agens qu'on a la
faiblesse d'accréditer près d'eux, que sous leurs
yeux mêmes ils condamnent leurs propres sujets
à périr dans les fers de l'esclavage, à moins cependant que parfois ils ne veuillent bien leur permettre de les racheter au prix de l'or, ainsi qu'un
vil bétail.

Mais avouons-le, à la honte de cette civilisation
dont nous sommes si fiers, nous méritons de tels
traitemens, de tels mépris; car, et ils le savent
de reste, ces pirates furent de tout temps les agens
responsables du brigandage maritime de l'Europe
entière; de cette guerre sourde que la marine et
le commerce des nations se font réciproquement,
au sein de la paix et de l'amitié dans lesquelles
ils vivent en apparence. Leur pavillon servit aussi
souvent à masquer les manœuvres cupides de
ces misérables transfuges, et de ces êtres affamés
de la soif de l'or, qui s'en vont sur de lointains
rivages trafiquer du sang des hommes, s'emparant,
chemin faisant, de tout ce qui leur présente l'espoir
du butin. Je pense donc aussi que prendre des
demi-mesures, c'est-à-dire, conserver l'empire
ottoman, en même temps que favoriser et pro-

clamer l'indépendance de la Grèce, c'est au lieu d'affranchir le commerce de ses entraves, au lieu de lui ouvrir la communication de la Méditerranée avec la Mer-Noire, et lui faciliter les débouchés de l'Afrique et de l'Asie, c'est loin de là lui susciter au contraire de nouvelles difficultés. Jamais deux peuples aussi irrités que les Turcs et les Grecs ne pourront vivre en paix, à moins que l'Europe, pour leur ménager sans doute une sécurité semblable à celle des sept dernières années, ne consente à entretenir à grands frais des flottes et des armées permanentes. Je dirai plus, en agir d'une manière aussi inconséquente, c'est créer contre la marine et le commerce de l'Europe deux nouvelles régences barbaresques, d'où surgiront des milliers de corsaires pillant à l'envi, et mettant à contribution tous les pavillons indistinctement. On serait tenté de croire que telle serait l'arrière-pensée qui a présidé à la rédaction de telle ou telle note, quand on sait surtout, à quels excès d'aveuglément ou de duplicité, l'intérêt peut entraîner la politique.

Dans l'hypothèse d'un état neutre et libre, dont Constantinople devient le chef-lieu, la question change tout-à-fait de face et les intérêts politiques et commerciaux de l'Europe, compris d'après les grands principes d'économie politi-

que, nous apparaissent alors sous un jour entièrement favorable à toutes les nations. Alors plus
de collision possible entre deux états également
indépendans. Les mers redeviennent libres, et
les relations se rétablissent avec sécurité dans ces
mêmes lieux, naguère théâtre de guerres et
de dévastations : la confiance renaît avec la certitude d'une paix durable, et tout rentre ainsi
pour long-temps dans l'ordre et le repos.

CONCLUSIONS.

De tout ce qui précède nous devons conclure, que l'opinion générale de l'Europe se
prononce fortement et pour l'affranchissement
de la Grèce, et pour la destruction du gouvernement ottoman. Et nous dirons même, avec
l'assurance de n'être pas démenti, que jamais
question politique ne se présenta avec un con-
cours plus universel de vœux, de désirs et d'intérêts : tout ce qui existe sur la terre de grand,
de noble et de désintéressé, milite puissamment
en faveur de ces dignes résultats. Les rois, les
princes, les ministres de tous les cultes, tous les
chefs, et tous les ordres des nations, les savans,
les écrivains de tout rang et de toute espèce; et
nous ajouterons aussi avec la plus douce satisfaction, et comme un témoignage anticipé de
reconnaissance, jusqu'à ce sexe tendre et com-
patissant, dont la généreuse pitié ne fut jamais
plus active, que lorsqu'il s'est agi de réparer par
des soins bienfaisans ces malheurs et ces com-

munes injustices , où l'humanité se trouve si
souvent immolée, à ce que les hommes osent
appeler les intérêts politiques, ou les lois impé-
rieuses de la nécessité. Tous enfin, en un mot, se
sont confondus dans la plus intime communauté
de sentimens et de sacrifices. En vain invoque-t-
on dans l'ombre certains principes oubliés ou
méconnus; en vain en appelle-t-on à une politique méticuleuse ou intéressée; ces avis timide-
ment énoncés dans le mystère des cabinets ,
n'oseraient emprunter un organe et paraître au
grand jour de la publicité. Je ne sache pas qu'il
se soit encore présenté un orateur, un écrivain,
voire même un diplomate, assez téméraire pour
oser embrasser hautement les principes et toutes
les conséquences obligées, d'une politique opposée à celle qui s'appuie sur des témoignages aussi
universels et aussi imposans : et cependant les
Turcs n'en ont pas moins poursuivi le cours de
leurs exterminations et de leurs ravages.

Si nous voulions rapprocher la question qui
nous occupe, de ces causes coupables, ambi-
tieuses, absurdes ou puériles, qui ont si souvent
décidé du destin des états, nous verrions plus
clairement encore combien ces causes seraient
faibles ou ridicules, en comparaison de celles
qui obligent l'Europe en ce moment. Ici ce sont

des pactes de familles, là des provinces à conquérir pour atteindre à des limites naturelles; tel
prince a été possédé par le détestable génie de
la guerre ; tel peuple aura pris, dans son délire, la dévastation, la conquête, la suprématie démocratico - aristocratique , que la force lui
donna seule le droit de s'arroger sur les autres
peuples ses voisins, comme le sublime, l'héroï-
que, d'un prosélytisme ambitieux de civilisation
et de régénération sociale. A telle époque une
alliance méprisée précipita les peuples les uns
contre les autres; à telle autre une préséance
offensante; ailleurs, les caprices et les jalousies
d'une reine ou d'une maîtresse; un bon mot, un
épigramme, que sais-je enfin, mille autres causes
encore, aussi futiles ou aussi indifférentes. Ici,
au contraire, il s'agit de la paix du monde, des
droits sacrés de l'humanité, il s'agit de sauver
de la destruction un peuple tout entier; et quel
peuple encore, le peuple Grec; les descendans
de ces Grecs nos bienfaiteurs et toujours nos
maîtres et nos modèles; il s'agit de faire rentrer
ces infortunés dans le sein de la grande famille
européenne avec sagesse, calme et modération.
Nous ne voulons point venger leurs injures par
des injures; venger leur sang répandu, par le
sang de leurs persécuteurs. Notre vengeance doit

être plus qu'un bienfait, elle est même une récompense ; nous offrons à des barbares non-seulement la paix pour la guerre ; mais encore nous leur offrons l'avantage de vivre sous l'empire de nos institutions, avec tous leurs droits présens ; ou, s'ils le préfèrent, nous les laissons libres d'emporter leurs richesses et les ossemens de leurs pères, pour retourner au fond de cette Asie, premier berceau de leurs ancêtres. C'est ainsi que les chrétiens, que les dignes enfans d'un Dieu clément, d'un Dieu de paix et de bonté, se vengent des persécutions, des outrages et de l'intolérance, des orgueilleux esclaves de Mahomet.

Nous pouvons donc maintenant, et d'après ces précédens, rappeler les moyens que nous avons énoncés dans notre lettre au roi : moyens qui ont été considérés, par quelques personnes, comme gigantesques et impraticables. Nous espérons après les éclaircissemens que nous venons de donner, qu'on les jugera, ainsi que nous persistons à le penser, justes, faciles, conséquens et définitifs. Comme la forme de l'écrit où ces moyens se trouvaient consignés ne permettait pas de développement, nous concevons facilement qu'on ait pu, sans malignité, prêter à nos pensées des interprétations contraires ou défavorables. Afin de dissiper tous les doutes à cet égard, nous allons entrer ici dans tous les détails nécessaires.

L'affranchissement de la Grèce et le renversement complet du gouvernement ottoman, avec l'assentiment et la coopération de tous les cabinets de l'Europe, telles étaient les mesures indispensables pour arriver, selon nous, à un résultat avantageux, la paix et l'équilibre de l'Europe, dans ses possibilités les plus rationnelles et les plus durables.

Le renversement de l'empire ottoman est le pivot, le centre, l'ame de toutes ces combinaisons. Vouloir affranchir la Grèce, en démembrant la Turquie, pour obtenir une paix solide et la liberté des mers, est ou une déception, ou une ignorance des hommes et des choses tellement grossière, qu'on ne peut croire qu'elle ait été sincèrement proposée, à moins que ce ne soit comme moyen-terme, ou comme un moyen de conciliation évasif et temporaire. Nous avons en effet discuté comment cet empire impuissant dans toute son intégrité, non-seulement contre la Russie, mais même contre quelques provinces soulevées, pourrait désormais, ainsi divisé, réagir contre des ennemis irréconciliables; nous avons prouvé qu'une aussi faible puissance n'était plus qu'une inutile barrière, un obstacle illusoire, et bien plus une source de guerres et de discordes, qui ne protégerait ni l'Europe, ni ses voisins les plus immédiats, ni soi-même. Nous avons fait voir, que loin de rendre la liberté à ces mers importantes pour le commerce du Levant, les dissensions éternelles qui existeraient entre d'anciens esclaves et des maîtres barbares et sanguinaires, éterniseraient au contraire les dangers et couvriraient l'Archipel de corsaires et de forbans.

Un gouvernement libre, au contraire, établi à Constantinople, en neutralité native avec toutes les puissances, ne se trouvera ni en hostilité flagrante, ni en jalousie, ni en défiance avec aucune d'elles : un tel gouvernement sera pour tous un gage certain de paix et de sécurité. Il servira de frontière sûre et respectable contre l'agression ou la conquête. Tous les peuples seront indistinctement accueillis dans ses ports, sans crainte de se voir déchus par d'anciens griefs ou d'anciennes animosités. Les mers seront plus libres et plus sûres, le passage de la Mer-Noire sera même encouragé dans l'intérêt de tous. Les communications avec l'Asie et l'Afrique, loin d'être entravées, s'ouvriront d'elles-mêmes pour enrichir ces lieux de nos relations mutuelles.

Enfin, puisqu'il est définitivement reconnu qu'il ne peut exister, à notre époque, de monarchie universelle, essayons donc au moins de fonder une paix universelle, au lieu de cette guerre sourde et diplomatique qui finirait bientôt par éclater en réalité, d'une manière dangereuse peut-être pour les trônes les mieux affermis. Certes, si jamais situation favorable se présenta pour tenter l'accomplissement du plan généreux de l'abbé de Saint-Pierre, c'est bien celle où nous nous trouvons.

Pour revenir à nos moyens, les résultats calculés d'avance nous ont toujours semblé devoir satisfaire à tout ce qu'on exige. L'exécution en est facile ; nuls efforts, nuls sacrifices au-delà de ceux déjà faits, et des forces respectives que les puissances entretiennent sur pied en ce moment. Ainsi donc aussitôt que l'armée russe, après avoir passé le Danube, aura pris position au pied des monts Balkans, il faut que les flottes combinées de la Méditerranée forcent les Dardanelles, et que la flotte russe de la Mer-Noire, après avoir débarqué un corps d'armée sur les côtes au-delà de l'embouchure du Danube, force, de son côté, le canal de Constantinople, et viennent ensemble s'embosser, partie dans le port de Constantinople et sous les murs du sérail, partie dans les eaux de Scutari d'Asie. Pendant ce temps l'armée d'observation autrichienne entrera en Servie et en Albanie, en longeant la mer Adriatique. Enfin, pour décider ce grand mouvement politique d'une manière simultanée, il faut que l'armée russe, en Perse, opère un mouvement de front à droite, et envahisse la Turquie d'Asie; que quelques régimens anglais ou français se joignent aux Grecs du continent, et pénètrent dans la Romélie. Tous ces événemens, qui sont sur les lieux mêmes en rudimens, peuvent en moins de huit jours se féconder et se développer, de manière à accomplir les destinées de l'empire ottoman. Débarquées à propos, des troupes peuvent occuper promptement Constantinople; mais il faut éviter, dans le premier moment, et l'on sentira facilement pourquoi, d'y débarquer des Russes. Ces troupes seront destinées à empêcher les massacres, les incendies, les réactions; elles devront protéger les jours du sultan et des principaux chefs musulmans, auxquels on fera signer une abdication formelle, et une renonciation définitive à leurs possessions d'Europe, ainsi qu'à toute autre position jugée utile aux confédérés. Après quoi, avec de la politique et de la tolérance, on saura terminer ce grand œuvre de destruction régénératrice. Une fois ce point obtenu, il s'agira d'établir un gouvernement provisoire, qui devra être formé, moitié par les commissaires des puissances confédérées, et moitié par les hommes les plus influens du pays, à quelques opinions religieuses ou politiques qu'ils appartiennent. Le premier acte de cette assemblée, qui doit choisir son président dans son sein, sera une proclamation adressée à tous les sujets de la Porte, qui, après leur avoir fait connaître les événemens précédens, le but des puissances, et le gouvernement provisoire établi, leur garantisse la liberté politique, la liberté civile et religieuse, et leur assure enfin l'inviolabilité des propriétés. On invitera de la même manière tous les habitans, musulmans ou autres, à ne concevoir aucune crainte touchant des événemens qui ne les menacent en rien, libres qu'ils sont, dégagés du serment de fidélité, ou de vivre sous des institutions en rapport avec celles de l'Europe, ou de suivre dans son retour en Asie les débris du gouvernement ottoman. Des ordres seront envoyés dans les provinces et les principautés, pour que des assemblées locales correspondent avec celle de la capitale, et agissent dans les mêmes vues. La Grèce, ainsi que ces mêmes provinces, feront connaître aux commissaires alliés la forme du gouvernement qu'ils ont dessein d'adopter, et les limites auxquelles ils prétendent. Les envoyés des puissances seront seuls appelés à donner leur avis touchant ces derniers intérêts; non qu'ils puissent être pour les nouveaux états absolus et obligatoires, mais seulement dignes d'une haute considération. Avoir interprété autrement ma pensée, lorsque je traitai ce sujet dans ma lettre au roi, serait m'avoir mal compris. Je ne pensai jamais que le plus fort eût un droit absolu pour imposer au plus faible la manière dont il prétend qu'il soit gouverné. Mais je crois avec raison, et il me semble même avec justice, que lorsque l'intérêt de tous a exigé la destruction d'un ordre de choses qui menaçait l'existence et le repos de l'Europe; lorsque cette même Europe a fait des sacrifices autant au moins dans l'intérêt de quelques-uns, que dans le sien propre ; les états en faveur desquels on a opéré de si grands biens, et dont on améliore incontestablement le sort, seraient indignes de tels bienfaits, et ennemis de leur propre bonheur, s'ils ne se constituaient de manière à se confondre dans les principes politiques auxquels ils doivent leur existence, et auxquels ils peuvent encore devoir de cette seule manière, et leur conservation et leur prospérité future. Un autre acte non moins important du gouvernement provisoire, sera d'appliquer les domaines qui ont appartenu à l'ancien gouvernement, aux besoins de l'État. Il sera nécessaire aussi d'adopter des mesures propres à encourager l'établissement des étrangers dans ce nouveau pays. La vente de tout ou partie des biens du gouvernement produira des capitaux, et, en y ajoutant les impôts publics et les droits maritimes, on aura bientôt trouvé les élémens d'un système financier, ainsi que des garanties pour les dettes et les emprunts.

On doit prévoir que certaines puissances exigeront des dédommagemens pour les frais de la guerre, ainsi qu'elles les eussent exigés du sultan lui-même : mais il faut laisser au gouvernement provisoire, et pour cause, le soin de statuer sur la validité et sur la quotité de ces demandes; et soit enfin par la cession de telles ou telles principautés, de telles ou telles îles, soit par des arrangemens purement financiers, il sera facile, avec le temps, de remplir tous les engagemens. Quant au gouvernement provisoire, dont nous venons de tracer ici la marche, son nom indique assez qu'il cessera du moment où l'on pourra lui en substituer un national, et ce temps ne doit pas être long. Pour ce qui concerne la Grèce, elle a déjà pris une forme politique; si cependant, après son entière indépendance, elle sentait le besoin de la modifier, ou d'en adopter une autre, on ne peut lui en contester le droit.   .

Constantinople et son territoire offriront sans doute plus de difficultés à constituer; cependant elles ne nous paraisseut pas insurmontables, d'autant moins que beaucoup d'étrangers préférant s'émigrer vers ces contrées que vers tant d'autres, y apporteront incessamment leurs lumières et leur civilisation.

Tel était donc en somme le développement des moyens que nous avions succinctement exprimés dans notre premier écrit, et qui, nous le répétons avec assurance, sont les seuls propres à satisfaire l'immense série des motifs qui ont fait de la question d'Orient une des questions les plus compliquées qui aient jamais été soumises à la délibération des cabinets.

Dans notre système tous les intérêts sont satisfaits. Intérêts des rois, intérêts des peuples, intérêts politiques, intérêts commercaux, intérêts religieux. Devoirs, sentimens, reconnaissance, humanité, talens, sacrifies, dévouement ; vous recevez tous aussi le plus digne prix de vos généreux efforts. La paix est conservée, et ce qu'on nomme équilibre politique, n'est pas troublé. Tout reste dans ses limites actuelles et dans ses rapports relatifs. Une véritable frontière bien fixée, bien déterminée, et dont l'Europe entière devient solidaire, est placée à l'Orient. Plus de causes, plus de prétextes de guerres ou d'invasion. Enfin on ne demande rien de plus à l'Europe pour atteindre ce but que ce qu'elle a fait jusqu'à présent. Ses forces militaires, ses ressources financières sont suffisantes, et tout peut se passer sans trouble et sans agitation. Cette Grèce antique et vénérée, est arrachée à l'esclavage, par le même moyen qui rend à l'Europe plus de franchises et de liberté pour les peuples ; plus de puissance et plus de sécurité pour toutes les dynasties régnantes.

Nous avons considéré précédemment et d'une manière isolée, la politique que chacune des puissances en particulier, se trouvait en position de désirer ou de craindre.

Mais il reste encore à parler des combinaisons possibles qui peuvent avoir lieu, soit par hasard, soit sous l'inspiration des événemens eux-mêmes, soit enfin que, préparés d'avance et amenés de loin, ils nous semblent appartenir à l'un ou à l'autre. La Russie, par exemple, peut s'allier à l'Autriche, à la Prusse, et démembrer ensemble la Turquie, ainsi qu'elles dépecèrent la Pologne, mais ici le résultat ne serait plus le même, assu-

rément l'Angleterre et la France s'y opposeraient
de toutes leurs forces, et seraient en cela aidées
par ceux des états secondaires qui le pourraient
sans dangers. Alors une guerre longue et désas-
treuse, dont les suites ne peuvent être calculées,
résulterait à coup sûr d'une politique aussi am-
bitieuse.

Unie à la France et à quelques autres puissances, la Russie pourrait marcher avec confiance
sur Constantinople et s'en emparer. La part
des auxiliaires serait facile à trouver. Mais l'Angleterre alors entraînerait l'Autriche et toute
l'Allemagne dans une ligue opposée, et de même
une conflagration générale embraserait bientôt
l'Europe.

Il existe une autre combinaison politique possible, et bien plus dangereuse que les précédentes. Je ne sache pas qu'aucun publiciste en ait fait
mention ; peut-être n'a-t-on pas osé l'envisager.
C'est celle d'une alliance entre la Russie et l'Angleterre, que nous nous plaisons, dans nos intérêts sans doute, à voir sans cesse opposées l'une
à l'autre. Certes, une telle coalition serait formi-
dable, et le reste de l'Europe pourrait à peine la
contrebalancer. Insaisissables, l'une par son isolement, l'autre par son éloignement et son climat ;
elles semblent placées ainsi pour régir et la terre

et la mer. Ces deux puissans empires qui pénètrent à la fois en Asie par le nord et par le midi, vont y puiser incessamment les trésors destinés à asservir un jour l'Europe. Immenses en étendue, en population ainsi qu'en richesses , ces climats fortunés leur assurent à la longue la domination universelle. Pour paralyser les efforts et les oppositions des royaumes de l'occident, on donnera d'abord à l'Autriche quelques provinces à dévorer. Ensuite les troubles politiques d'Espagne et de Portugal, artificieusement alimentés, pourront inquiéter, et même occuper la France, dont l'état intérieur n'est rien moins qu'un modèle d'unité politique. Il sera facile aussi d'exciter les défiances entre la maison impériale et la maison de Bourbon ; certaines prétentions, soulevées à propos, seront un moyen infaillible de les tenir ainsi en échec. On peut même aller jusqu'à faire croire à M. de Metternich, que les traces du vaste empire de Charles-Quint, ne sont pas encore entièrement effacées de la carte. Quant aux états secondaires, les alliances de familles, la peur et la corruption en auront bientôt séduit le plus grand nombre. Mais fussent-ils même tous réunis dans un intérêt commun, la lutte en deviendrait-elle plus égale? Si, pour rendre encore le danger plus grand, tout le midi littoral de l'Europe se soumettait au système des deux puissances, à quoi serions-nous réduits? La chose cependant arriverait ainsi, et l'Italie, la Grèce, tout ce qui forme la Turquie d'Europe, s'empresseraient de se soumettre. Au travers de ces événemens complexes, viendraient bientôt se jeter les nouveaux Etats de l'Amérique, et cette complication ne serait pas favorable à d'antiques monarchies, déjà tourmentées en elles-mêmes, gênées de nouveau, et resserrées ainsi dans leurs limites. Enfin, si moins d'un quart de siècle venait réaliser ce malheureux avenir, transformés en consommateurs, ou en producteurs inutiles, pourvoyeurs d'un commerce étranger, nous tomberions bientôt dans une dégradation morale, une misère et une nullité politique, présage assuré de la décadence des plus grands empires.

Tels sont les motifs qui nous ont porté à conseiller une fédération européenne. Je m'abstiendrai de dérouler ici les calculs statistiques à l'appui du système politique que je viens de signaler. Ils seraient trop affligeans. Espérons que la politique forte et caractérisée de nos gouvernemens, nous préservera de tous ces malheurs. Qu'on ne vienne pas nous opposer ici l'incompatibilité d'alliance entre deux nations placées, ainsi que le sont l'Angleterre et la Russie, aux deux extrémités de l'échelle des institutions sociales et de la civilisation ; c'est précisément ce qui rend à nos yeux cette alliance plus possible, en tant qu'elle est moins dangereuse et pour l'une et pour l'autre. Une telle alliance, serait l'union d'une ame et d'un corps, auquel elle donnerait ainsi une tête forte et un bras puissant ; elle constituerait un colosse qui, en s'étendant sans effort, étoufferait l'Europe sous le poids effrayant de ses proportions gigantesques.

Mais oublions ces possibilités éloignées, et revenons à la question dans son plus grand état de simplicité ; telle enfin qu'elle s'offre à nous en ce moment. En effet, pendant que nous déclamons à notre aise, les Russes ont peut-être passé le Danube. Mais telle est la vérité et la conséquence de nos moyens, que fussent-ils même à Constantinople, ces moyens pourraient encore devenir un remède efficace, et bien mieux seraient, selon nous, les seuls capables de réparer de grands maux, et d'arrêter les événemens qui doivent nécessairement succéder à toute autre conduite. Car, soit que l'empereur Nicolas ne veuille, comme il l'assure, que contraindre le sultan à exécuter par la force, et le traité d'Akerman et celui du 6 juillet, il n'en est pas moins vrai qu'il ne se retirera pas entièrement après avoir obtenu satisfaction sur ces deux points. Il persistera à occuper la Turquie, par les mêmes motifs qui justifièrent l'occupation de Naples par les Autrichiens, celle de l'Espagne par les Français, celle enfin du Portugal par les Anglais; et personne, je le pense, n'osera lui dénier le même droit. Imprudens précédens, imprévoyans cabinets, cette occupation appelle bien d'autres conséquences que celles inutiles, téméraires ou ruineuses, dont vous avez donné l'exemple. Le souverain russe voudra aussi, pour gage de l'indemnité qu'il a droit d'exiger, et ce jusqu'à entière libération, la remise de certaines places fortes; et là, placé en observation à deux pas de la capitale d'un empire ruiné, démembré, en proie à toutes les horreurs de l'anarchie, en contact immédiat avec le peuple musulman qui abhorre les Russes, le fanatisme ne manquera pas d'ajouter à toutes les causes qui fourniront mille prétextes à l'occasion pour envahir définitivement tout l'empire. Qne serait-ce donc enfin, et que pourraient objecter les cabinets, si la Russie provoquait elle-même, et elle semble le faire, les moyens que nous proposons? Si elle offrait à tous les peuples la satisfaction que leurs gouvernemens leur refusent? Peut-on douter que si l'état intérieur de la Russie était aussi prospère, aussi populeux que certains états de l'occident d'Europe, elle montrât une aussi grande modération ? Eh bien ! ces améliorations n'arriveront-elles pas pour la conduire elle-même à son but? Que pourra l'Europe alors? Ainsi donc l'incertitude, la faiblesse, la pusillanimité des cabinets, va permettre à la Russie de couver en paix sa conquête? A moins que les rois de l'Europe n'immolent enfin quelques petits intérêts, faux et mesquins, en faveur de vues plus étendues et plus en rapport avec les besoins de leurs peuples, l'indépendance et la dignité de leurs couronnes.

Cependant cette Grèce antique, jetée là comme par hasard au milieu d'intérêts aussi vastes, devrait sans cesse rappeler à leur mémoire cette funeste guerre du Péloponèse, dans laquelle périrent tant de villes et de républiques, dont la confédération avait tellement élevé la gloire et la puissance, qu'elles étaient parvenues, après mille victoires humiliantes pour les Perses, jusqu'à arracher des lambeaux à l'immense empire du grand roi. Leurs divisions, leurs guerres intestines consommèrent leur ruine, et les livrèrent les unes après les autres, affaiblies et désarmées, au despotisme de Philippe qui, par la force, l'adresse et la corruption, acheva de les subjuguer. Une

politique stérile et désolante a désséché depuis
des siècles ces belles plages méridionales de
l'Europe, et le littoral asiatique de la Méditerranée où jadis s'élevèrent tant de cités riches et
populeuses, tant d'empires puissans et glorieux
dont les peuples ont illustré la terre. Mais nous
le répétons et depuis long-temps notre opinion
est fixée à cet égard, ce ne fut point par l'effet du
hasard, par une combinaison fortuite de ces
successions politiques, œuvres d'un destin aveugle et auxquelles les hommes croient parfois
ajouter leurs faibles efforts, que ces belles contrées atteignirent en ces temps, l'apogée de la
puissance et de la civilisation. Il est pour les
choses morales, ainsi que pour les choses physi-
ques, un centre d'attraction vers lequel tout gra-
vite, principes et conséquences, et ce centre est
pour nous ce point de globe qui fut le théâtre
visible et présumé, de tant de révolutions physi-
ques, de ces grands déchiremens, de cet entraî-
nement des eaux, et de cette jonction des mers;
point vers lequel convergent tant et de si vastes
continens. Quels que soient donc les obstacles que
l'on prétend opposer à des effets qui, selon nous,
tiennent à cette cause, nous pensons que ce point
redeviendra un jour le centre et le foyer du bonheur, et de la civilisation du monde. Ainsi donc,

au lieu de chercher à l'attirer à soi par des efforts
inutiles et contraires, qui ne sont pas sans dangers, les nations feraient bien mieux de s'y laisser aller, et même à l'occasion de s'y laisser pous-
ser avec sagesse et prudence.